AF338034

ASSOCIATION

DES

JEUNES ÉCONOMES

HISTORIQUE DE L'ŒUVRE

DEPUIS SA FONDATION

(2 Février 1823)

PRIX : 5 FRANCS

(Vendu au profit de l'Œuvre)

RUE DE L'UNIVERSITÉ, 159

ASSOCIATION

DES

JEUNES ÉCONOMES

HISTORIQUE

CHAPITRE I — FONDATION

C'est le 2 février 1823 que, par une inspiration de Dieu, Mlle Duval eut la première pensée de l'Association des Jeunes Économes. Mlle Duval demeurait quai Pelletier, aujourd'hui le quai de Gesvres. L'hiver avait été très rigoureux : la Seine était prise depuis longtemps ; mais un brusque changement de température annonçait que la débâcle arriverait prompte et terrible, suivie de maux sans nombre pour les malheureux riverains. La débâcle se produisit en effet cette nuit-là même, et, dans les préoccupations de son insomnie, Mlle Duval eut la pensée de fonder une Association pour venir au secours des pauvres.

Dès le matin, Mlle Duval se rendit chez ses jeunes amies, Mlles Amélie et Aline Lauras, pour leur faire part de son projet. Celles-ci accueillirent avec bonheur la charitable pensée de leur amie, et, avec le consentement de leur mère, se mirent aussitôt à l'œuvre. Une institutrice de Mlles Lauras, Mme Coipel, prit une part active à la fondation et au développement de cette œuvre; elle y intéressa toutes ses élèves, qui s'empressèrent de s'y associer, en lui remettant leur souscription. Mais les projets étaient encore vagues et indéterminés : M. l'abbé Pouillard, du clergé de Saint-Merry, engagea les fondatrices à poursuivre un but spécial : il leur proposa d'imiter une œuvre lyonnaise, qui, sous le nom d'*Œuvre des Jeunes Économes*, s'occupait de l'éducation des jeunes filles pauvres. Cette proposition fut acceptée. Quatre enfants furent aussitôt adoptées et placées en apprentissage chez diverses maîtresses. —

L'Association des Jeunes Économes était née. Une fois de plus, la vue de la misère avait fait naître dans des cœurs chrétiens la pensée du dévouement et du sacrifice. Admirable effet de la charité du Christ! elle a jeté dans les âmes des trésors d'amour capables de calmer toutes les souffrances.

Dès la première année, les fondatrices réunirent un grand nombre d'associées; parmi elles, plusieurs conseillères furent choisies qui s'occupèrent de recueillir des souscriptions[1]. Leur zèle ne fut pas stérile : d'an-

1. Plus tard, des vice-conseillères leur furent adjointes (1825). — En 1826, le Conseil fixa à 24 le nombre des conseillères et des vice-conseillères.

1.

née en année, le nombre des souscriptions augmenta, et ce succès permit d'élargir le champ de la bienfaisance.

Les conseillères se réunissaient pour rendre compte de leurs recettes et décider en conséquence les admissions. Les demandes étaient nombreuses. Il fallait en écarter beaucoup, car les ressources de l'Œuvre s'épuisaient. Pourtant, dès la fin de la première année, les conseillères choisirent dans les familles les plus malheureuses cinq enfants que l'on plaça encore chez des maîtresses particulières. Déjà, près de cinq cents associées avaient apporté leur concours aux fondatrices. Ces premiers succès encouragèrent les conseillères à poursuivre la tâche qu'elles avaient entreprise. Dix mois plus tard, l'Œuvre comptait 36 enfants à sa charge; 65 au mois de juin 1825, et 90 en 1826. Si l'Œuvre osait ainsi accroître le nombre des enfants adoptées, c'est que, d'un autre côté, les associées, devenues plus nombreuses, fournissaient plus de ressources. Il y avait, à la fin de 1824, 960 associées; ce chiffre s'éleva à 1800 en juin 1825; à près de 2200 l'année suivante; à plus de 3 000 en 1829.

Ces résultats n'étaient pas l'œuvre des hommes. L'Association y voyait une marque trop évidente de la protection de Dieu pour ne pas lui en attribuer toute la gloire. Aussi le Conseil eut-il, dès 1825, la pensée de célébrer chaque année l'anniversaire de la fondation de l'Œuvre par une Messe d'actions de grâces. Ces pieuses solennités, où chaque année se pressaient les associées, attiraient sur l'Œuvre de nouvelles bénédictions de Dieu, toujours favorable à ceux qu'il voit reconnaissants. Jamais cette réunion ne revêtit plus de solennité que le 2 février 1827 : ce jour-là, Monseigneur le duc de Rohan, Pair de France, officia, et M. l'abbé Borderies, prédicateur ordinaire du Roi, fit un chaleureux appel à la générosité des associées. Cet appel fut entendu : la quête, très fructueuse, vint fort à propos fournir à l'Œuvre un supplément de ressources.

Le nombre des enfants s'était accru : il s'élevait alors à 100. Ces enfants, placées dans différentes maisons, se trouvaient très éloignées les unes des autres, ce qui rendait difficile la surveillance active qu'il était nécessaire d'exercer sur elles. Le Conseil décida donc qu'une commission choisie parmi les conseillères serait chargée de visiter les jeunes filles dans les diverses maisons où elles étaient placées, afin de s'éclairer sur leurs besoins et sur leur conduite. De plus, afin d'exciter leur émulation, le Conseil fit une distribution de récompenses aux enfants qui donnaient toute satisfaction aux maîtresses. Pour éviter que cette dépense ne fût une trop lourde charge, des loteries furent organisées.

La cherté du pain se faisant sentir, le prix des pensions s'éleva; les maîtresses demandèrent une indemnité de dépense. Le Conseil ne put contredire à cette juste réclamation, et il accorda un supplément de pension. Aussi arriva-t-il qu'à la fin de 1827, les dépenses dépassèrent de beaucoup les recettes. Mme Lauras, qui jusque-là avait laissé les conseillères gouverner l'Œuvre à elles seules, jugea nécessaire de donner aux Jeunes Économes un supérieur ecclésiastique, qui contînt et dirigeât le zèle de ces demoiselles. Monseigneur de

Quélen, Archevêque de Paris, sollicité de désigner un supérieur, nomma M. l'abbé Mathieu, l'un de ses vicaires généraux (depuis Cardinal-Archevêque de Besançon), dont les vertus et le talent faisaient prévoir quelles hautes fonctions l'attendaient dans la hiérarchie de l'Église de France. Sous sa direction, l'Œuvre, soutenue par les encouragements de Monseigneur de Quélen, continua à marcher dans la voie de la prospérité.

Pendant l'année 1828, Mlle Duval et Mlle Amélie Lauras, s'étant mariées, quittèrent le Conseil et furent remplacées dans la direction de l'Œuvre par MM^{lles} Aline et Jenny Lauras.

Le 5 février 1829, à l'occasion du sixième anniversaire de la fondation de l'Œuvre, eut lieu l'assemblée de charité. Monseigneur l'Archevêque de Paris, par un sentiment de paternelle bienveillance, daigna présider cette réunion. L'année suivante, les associées eurent le bonheur d'entendre la voix, jeune encore, mais déjà éloquente, de M. l'abbé Dupanloup.

Vint la révolution de 1830, qui ébranla dans ses profondeurs la France entière, et amena, pendant plusieurs mois d'agitation constante, pour le commerce et l'industrie, une crise des plus désastreuses. Paris était livré à la populace; les riches l'avaient fui; de là le chômage et la misère. Quelques parents, inquiets, reprirent leurs enfants. Pour l'Association, ce furent des jours difficiles; pourrait-elle conserver toutes les enfants dont elle s'était chargée? L'avenir était incertain, l'inquiétude étreignait les cœurs.

Quelque temps avant ces épreuves douloureuses, Mlle Aline Lauras quitta sa famille pour entrer chez les Filles de Saint-Vincent de Paul, laissant à sa sœur, Mlle Jenny Lauras, tout le poids de la direction de l'Œuvre. C'est ainsi que l'une des fondatrices quittait, à l'appel de Dieu, l'Œuvre naissante, en un moment critique. Ce lui fut sans doute un grand sacrifice, mais ne dut-elle pas penser que ce sacrifice attirerait sur l'Œuvre aimée plus de grâces que n'en aurait pu mériter son dévouement? D'ailleurs, ce ne fut qu'une séparation temporaire : vingt ans plus tard, Mlle Aline Lauras devait revenir, sous la cornette de la religieuse, donner à l'Œuvre des Jeunes Économes son activité, son temps, sa vie.

Le rigoureux hiver de 1830 imposa de lourdes charges à l'Association; l'achat de vêtements augmenta beaucoup les dépenses. La misère était grande. Le Conseil, néanmoins, pressé par la nécessité, dut se résigner à repousser un grand nombre de demandes d'admission.

Après les journées de Juillet, la nouvelle directrice informa les maîtresses que, vu l'incertitude de l'avenir, l'Association serait peut-être dans la nécessité de rendre les enfants à leurs parents. C'était prudence. La tranquillité revenant, il n'en fut plus question. Néanmoins, quelques personnes ayant cru par erreur que l'Association songeait à se dissoudre, Mlle Lauras s'empressa de prévenir les associées que les Jeunes Économes continueraient leur œuvre, et comptaient plus que jamais sur leur dévouement et leur charité. En effet, le nombre des enfants assistées, que les inquiétudes de 1830 avaient fait descendre à 92, s'était immédiatement relevé à 100, et vingt nouvelles admissions avaient été prononcées en 1831.

Ce fut vers cette époque que M. l'abbé Mathieu, appelé au siège épiscopal de Langres, cessa d'être supérieur de l'Œuvre. Pour le remplacer, Monseigneur de Quélen désigna son secrétaire, M. l'abbé Surat.

Dès les premières réunions du Conseil (mars 1833) M. l'abbé Surat montra la nécessité de nommer une secrétaire et une vice-secrétaire, afin que les délibérations du Conseil fussent constatées et exactement consignées sur un registre, et que, par là, la responsabilité de la Directrice fût mise à couvert. Le Conseil nomma secrétaire Mlle Gueneau de Mussy, et vice-secrétaire Mlle Allard.

Mlle Jenny Lauras fut alors nommée officiellement Directrice-Trésorière.

L'Œuvre ne se gouvernait encore que par des coutumes et des traditions ; c'était sagesse de ne pas s'être embarrassé, dans les débuts, de règles où souvent la chimère a trop de place et qui gênent le libre essor d'une association. Mais l'extension de l'Œuvre réclamait impérieusement qu'un règlement fût tracé, et l'expérience des dix années écoulées depuis la fondation permettait aux conseillères de faire un travail pratique. Dans la séance du 11 juin 1833, le Conseil arrêta un règlement écrit, qui fixait le but de l'Œuvre, son organisation, les conditions de placement des enfants et la surveillance à exercer sur elles ; en même temps, on assurait à l'Œuvre les ressources nécessaires par l'organisation d'une loterie et d'une quête annuelles.

Pour la première fois, la grande loterie fut tirée à l'Hôtel de Ville, dans la salle Saint-Jean (1833).

Voilà que l'Association des Jeunes Économes était organisée : elle s'était développée sans secousses, par un continuel et silencieux accroissement, comme toutes les œuvres durables. Elle n'avait plus qu'à marcher avec zèle dans la voie qui lui était ouverte.

Plusieurs jeunes filles ayant terminé, cette année-là, leur apprentissage, reçurent, en récompense de leur travail et de leur bonne conduite, un trousseau. Cette pensée, aussi charitable que pratique, devint dans la suite une coutume, encore aujourd'hui suivie[1].

Le choléra de 1832 fournit à l'Œuvre une occasion de témoigner sa reconnaissance à Monseigneur de Quélen. Pour venir en aide aux victimes du terrible fléau, Monseigneur avait fondé l'Œuvre des Orphelins du Choléra dont il était président. Le Conseil lui offrit de prendre gratuitement quatre orphelines; 15 autres furent confiées à l'Association par Monseigneur l'Archevêque, moyennant une pension de 15 francs par mois pour chaque enfant. Les Jeunes Économes élevaient alors 170 enfants.

C'était une lourde charge, et quel que fût le dévouement des associées, l'Œuvre ne pouvait se flatter d'obtenir le succès; il fallait, pour lui donner la vie et la durée, plus qu'une organisation pratique, plus que le zèle et la charité des membres; il fallait l'appui et la

---

1. Plus tard, au don du trousseau vint s'ajouter celui d'une petite somme d'argent proportionnée aux services que les jeunes filles avaient rendus à l'Ouvroir pendant les années de leur éducation.

protection d'En-Haut. Sur la proposition de Monseigneur de Quélen, qui ne cessait de témoigner à l'Œuvre sa bienveillante affection, le Conseil confia le succès de ses efforts à la toute-puissante intercession de la Sainte Vierge, sa Patronne, et décida que la fête patronale serait fixée au 8 décembre, solennité de l'Immaculée Conception.

La protection de la Vierge Immaculée ne se fit pas attendre. L'Œuvre entra dans une période de prospérité; le nombre des associées croissait rapidement; des dons volontaires, s'ajoutant aux souscriptions devenues plus fécondes, permirent d'augmenter le nombre des enfants secourues. Le Conseil ne se contentait pas de remplacer à la fin de chaque année les enfants qui avaient terminé leur apprentissage; il créait de nouvelles places. C'est ainsi que l'Œuvre, qui comptait 177 enfants en décembre 1833, en comptait jusqu'à 276 en 1842. C'était, en l'espace de neuf années à peine, un magnifique accroissement.

Dès la fin de 1833, — quelques mois après la consécration de l'Œuvre à Marie Immaculée, — il plut à Dieu de donner aux Jeunes Économes le plus haut encouragement qui puisse venir récompenser le zèle de la charité chrétienne. Sur la demande de M. l'abbé Surat, N. S. P. le Pape Grégoire XVI daigna ouvrir en faveur de l'Association les célestes trésors de l'Église, en même temps qu'il donnait, en des paroles élogieuses, une solennelle consécration à l'Œuvre, « institution vraiment salutaire et recommandable ». Et, ajoutait le Saint Père, « c'est afin de consolider cette œuvre, de la

« faire fleurir chaque jour de plus en plus, que nous
« avons résolu, dans la joie et les transports de notre
« cœur, de l'entourer de la protection de notre autorité
« pontificale, et de l'enrichir par de nombreuses Indul-
« gences; car nous savons quels immenses avantages
« l'Église catholique peut recevoir de semblables fon-
« dations ». Le Saint Père accordait aux associées les
Indulgences suivantes : Indulgence plénière au jour de
l'Immaculée Conception, au jour de la Messe célébrée
annuellement pour les associées défuntes, et le premier
samedi de chaque mois. — Indulgence de cent jours
pour l'assistance aux réunions de l'Association, pour
toute œuvre de piété et de charité faite en faveur des
enfants soutenues par l'Association.

INDULGENCES

ACCORDÉES PAR

NOTRE SAINT-PÈRE LE PAPE GRÉGOIRE XVI

GRÉGOIRE XVI, PAPE.

Pour perpétuel souvenir. C'est toujours volontiers que nous ouvrons les célestes trésors de l'Église, dont la dispensation a été confiée d'en haut à notre fidélité, en faveur de ceux que l'amour de Dieu, la charité pour leurs frères, ainsi que le zèle pour la Religion chrétienne et son accroissement, portent à s'employer avec ardeur et générosité au salut des âmes, à l'utilité et au bien des fidèles catholiques; surtout lorsque nous en sommes pressés par les vœux des pasteurs des églises. Aussi avons-nous béni le Seigneur, qui est la source de toute consolation, en apprenant ce que notre Vénérable Frère, actuellement Archevêque de Paris, nous a écrit de la pieuse institution dite : *Association des Jeunes Économes*, fondée canoniquement sous les auspices de Marie, mère de Dieu, conçue sans péché, et établie dans son diocèse, surtout dans la ville de Paris, depuis l'année 1823, par la piété singulière et le beau désintéressement de quelques pieuses dames, qui se proposent de pourvoir, par leurs propres largesses, leurs soins et leur sollicitude, à l'indigence et aux besoins des jeunes filles pauvres, spécialement à leur instruction religieuse : Institution vraiment salutaire et recommandable, à la tête de laquelle devra être placé un Supérieur ecclésiastique élu et nommé par notre Vénérable Frère l'Archevêque de Paris alors existant. Et c'est afin de consolider cette œuvre, de la faire fleurir chaque jour de plus en plus, que nous avons résolu, dans la joie et les transports de notre cœur, de l'entourer de la protection de notre autorité pontificale, et de l'enrichir par de nombreuses indulgences; car nous savons quels immenses avantages l'Église catholique peut recevoir de semblables fondations.

Pour la gloire du Dieu tout-puissant et l'honneur de la très sainte Vierge Marie, mère de Dieu, de notre science certaine et de la plénitude de la puissance apostolique, nous accordons indulgence pleine et entière et rémission de tous leurs péchés, à toutes les personnes qui sont et seront dans la suite associées à l'institution des Jeunes Économes, fondée dans la ville et le diocèse de Paris, sous les auspices de la bienheureuse Vierge Marie, conçue sans péché, et à notre cher fils le prêtre qui en sera établi Supérieur, selon qu'il a été marqué; pourvu que vraiment pénitents, s'étant confessés et ayant participé à la sainte Eucharistie, ils visitent dévotement chaque année l'église ou chapelle de l'Association, ou leur paroisse respective, et y prient pour la concorde des princes chrétiens, l'extirpation des hérésies et l'exaltation de l'Église, aux jours ci-après désignés : 1º le jour de la fête de la Conception Immaculée, depuis les premières vêpres; 2º le jour où sera célébré un anniversaire pour les seules associées défuntes ; 3º le premier samedi de chaque mois : et ces jours seulement depuis le lever jusqu'au coucher du soleil. — Toutes les fois que les mêmes, au moins contrites de cœur, assisteront aux assemblées publiques et particulières, en quelque lieu qu'elles soient réunies, ou chaque fois qu'elles feront une œuvre de piété ou de charité pour le soulagement et l'utilité de leurs jeunes filles, nous diminuons de cent jours les pénitences qui leur seraient enjointes, ou qui leur seraient imposées de quelque manière que ce puisse être. Et nous accordons aussi que toutes ces indulgences, rémissions de péchés et diminutions de pénitences, soient applicables, par manière de suffrages, aux âmes des fidèles qui sont sortis de ce monde, unis à Dieu par la charité. — Le tout accordé nonobstant toutes clauses contraires, et les présentes devant durer à perpétuité.

Donné à Rome, à Saint-Pierre, sous l'anneau du Pêcheur, le 15 novembre de l'an 1833, et de notre Pontificat le IIIᵉ.

Pour Monseigneur le Cardinal Albani,

A. PICCHIONI, *Substitut*,

______

Nous, HYACINTHE-LOUIS DE QUÉLEN, par la miséricorde divine et la grâce du Saint-Siège apostolique, Archevêque de Paris, etc.

Avons permis et permettons par les présentes, la publication dans notre diocèse des susdites Indulgences.

Donné à Paris, sous notre seing, notre sceau et le contre seing du Secrétaire de notre Archevêché, l'an de Notre-Seigneur 1833, le 1ᵉʳ jour de décembre, 1ᵉʳ dimanche de l'Avent.

+   † HYACINTHE, *Archevêque de Paris.*

(Place du Sceau.)   Par Mandement,

MOLINIER, *Ch. Secrét.*

Bienheureux Père,

Déjà Votre Sainteté, en l'année 1833, avec une grande bienveillance, a ouvert les trésors de l'Église en faveur d'une Société fondée à Paris et désignée sous le nom d'*Association des Jeunes Économes*.

Elle a déjà accordé une Indulgence plénière, soit pour le premier samedi de chaque mois, soit pour la fête de l'Immaculée Conception de la Bienheureuse Vierge Marie sa patronne, soit pour le jour de la célébration d'une Messe pour les associées défuntes. Le suppliant soussigné, Auguste-Alexis Surat, chanoine de l'Église Métropolitaine de Paris, Supérieur nommé canoniquement par Monseigneur l'Archevêque de Paris, supplie Votre Sainteté et implore maintenant d'Elle une grâce plus grande encore, savoir celle d'une Indulgence plénière à l'article de la mort, pour chacun des membres de cette Association.

Très humblement prosterné de nouveau aux pieds de Votre Sainteté, sollicitant Sa Bénédiction apostolique, il se dit et déclare,

Très Saint Père,

de Votre Sainteté,

le très humble et très dévoué fils et serviteur,

A. SURAT, *Chan.*

Rome, 2 avril 1842.

En marge se trouve écrit de la propre main du Souverain Pontife :

« Le 3ᵉ jour d'avril 1842,

« Nous accordons la Grâce demandée ci-contre.

« GRÉGOIRE P. P. XVI. »

INDULGENCES

ACCORDÉES PAR

NOTRE SAINT-PÈRE LE PAPE GRÉGOIRE XVI

Par un bref du 15 novembre 1833, N. S. P. le Pape Grégoire XVI a daigné accorder les Indulgences suivantes aux membres du conseil de l'Œuvre dite *des Jeunes Économes*, ainsi qu'à toutes les associées qui font ou feront par la suite partie de cette Œuvre de charité :

1º Indulgence plénière, à gagner une fois au jour de la fête de l'Immaculée Conception, pour les personnes ci-dessus désignées, qui, s'étant confessées et ayant communié le dit jour, visiteront la chapelle de l'Association ou leur paroisse respective, et y prieront quelque temps selon les intentions de Sa Sainteté.

2º Indulgence plénière à gagner une fois, aux mêmes conditions, le jour où l'on célébrera la Messe anniversaire pour les associées défuntes.

3º Indulgence plénière à gagner le premier samedi de chaque mois et aux conditions ci-dessus prescrites.

4º Indulgence de cent jours à gagner par les mêmes personnes toutes les fois qu'elles assisteront, avec un cœur religieux et pénitent, aux réunions de l'Association, soit publiques, soit privées.

5º Indulgence de cent jours toutes les fois que les mêmes personnes, dans les mêmes dispositions, feront une œuvre de piété et de charité en faveur des enfants soutenues par l'Association.

Les présentes Indulgences, accordées à perpétuité, sont applicables aux âmes du purgatoire, par manière de suffrage.

6º Enfin, par un rescrit en date du 3 avril 1842, N. S. P. le Pape Grégoire XVI a daigné accorder une Indulgence plénière à l'article de la mort pour chaque membre de l'Association.

Vu et publié pour notre diocèse.

Paris, le 25 octobre 1881.

† J. H. card. GUIBERT, *Archevêque de Paris.*

+
(Place du Sceau)

Vivement pénétré de reconnaissance, le Conseil ne voulut pas qu'une parcelle d'un don aussi précieux se perdît ; il décida donc qu'une Messe serait célébrée tous les ans pour les associées défuntes, afin que les indulgences pussent leur être appliquées.

De nouvelles faveurs étaient réservées à l'Association. En 1842, M. l'abbé Surat obtint une audience de S. S. Grégoire XVI. Le Saint Père témoigna hautement de sa bienveillance pour les Jeunes Économes. Encouragé, M. l'abbé Surat demanda au Pape une grâce plus grande encore que celles déjà accordées, — la grâce de l'Indulgence plénière à l'article de la mort. Le Saint Père, de sa propre main, écrivit en marge de la supplique : « Nous accordons la grâce demandée ci-contre. Grégoire P. P. XVI. »

Ainsi Marie répondait à la confiance des membres de l'Association : elle leur envoyait une période de prospérité, afin d'affermir l'Œuvre et de la préparer aux épreuves futures ; elle leur accordait les bénédictions du chef visible de l'Église, gage certain des bénédictions de Jésus-Christ.

Au moment où l'Œuvre allait célébrer le vingtième anniversaire de sa fondation, le Conseil, jetant un regard sur le travail de ces vingt années, se félicita et bénit Dieu du bien qui avait été opéré par les Jeunes Économes. Cette œuvre, aux si modestes débuts, comptait alors, grâce aux bénédictions de la Providence et au zèle des bienfaitrices, 270 enfants adoptées, et plusieurs milliers d'associées. Depuis vingt ans, l'Œuvre avait pourvu au placement, à l'éducation, à l'entretien de plus de 1 000 enfants. Que de misères secourues! que d'infortunes soulagées! que de consolations apportées aux familles pauvres! Pendant l'année 1842, 5 711 vêtements, confectionnés par les associées, avaient été distribués aux enfants adoptées.

Tant de dévouement n'avait pas été stérile. Plusieurs jeunes filles, leur apprentissage terminé, rentrèrent dans leurs familles, y rendant service par leur travail; d'autres restèrent comme sous-maîtresses, dans les maisons où elles avaient été élevées. Toutes faisaient la joie et l'édification de leurs familles par leur piété solide et leur bonne conduite.

Ce fut une douce consolation pour les bienfaitrices de voir que tant de travaux, tant de charité, tant de zèle n'avaient pas été vains. En admirant la riche moisson, elles oubliaient les épreuves et les sacrifices et bénissaient le Dieu dont le soleil avait fait germer et grandir, dans les sillons qu'avait creusés leur dévouement, des fruits abondants de bonheur et de vertu.

Chapitre II — Transformation
Établissement de l'Ouvroir

Malgré la prospérité de l'Œuvre, le Conseil n'était pas sans préoccupation. Depuis plusieurs années, il recevait souvent des plaintes sur la conduite des maîtresses à qui les enfants étaient confiées. Les unes ne donnaient pas à leurs jeunes ouvrières une nourriture suffisante, d'autres exigeaient d'elles un travail trop assidu, et les privaient ainsi des récréations et des exercices nécessaires à leur âge et à leur santé.

L'Œuvre qui s'était dévouée au bonheur et au salut de ces jeunes filles ne pouvait pas se désintéresser de ces plaintes; aussi, dès le premier moment, le Conseil forma-t-il le projet de ne plus placer chez des maîtresses particulières les enfants adoptées, mais de les réunir dans un établissement qui serait confié aux soins et à la vigilance des admirables Filles de Saint-Vincent de Paul. Les avantages de ce plan étaient aussi précieux que manifestes. La surveillance des enfants devenait plus facile; leur éducation religieuse était assurée. Mais que de difficultés! Comment faire face aux dépenses inévitables qu'entraînerait un nouvel établissement? Comment concilier les intérêts de l'Œuvre avec ceux des maîtresses? Car on ne pouvait pas, sans leur causer un grave préjudice, retirer les enfants qui leur avaient été confiées. Cette considération empêcha le Conseil de donner suite à la généreuse proposition de Mme Danloux-

Dumesnil, mère de l'une des conseillères, qui offrait de faire bâtir à ses frais une maison assez vaste pour contenir 200 enfants, et de la céder à l'Œuvre moyennant un modeste loyer. D'autre part, ces 275 enfants avaient été élevées d'une manière différente, selon la règle de chaque maison, selon les vues et les idées de chaque maîtresse. Comment les réunir immédiatement, comment les soumettre à un règlement uniforme sans amener de regrettables conflits, des mouvements d'insubordination qui nécessiteraient probablement le renvoi d'un certain nombre d'entre elles?

Ces difficultés paraissaient insurmontables. D'ailleurs, le projet était trop important et engageait trop gravement les intérêts de l'Œuvre pour qu'on osât le réaliser de suite. Le Conseil, attendant le moment propice, confia à la Providence ses soucis et ses embarras.

Au mois de mars 1843, la Providence sembla vouloir aplanir les obstacles et faciliter l'exécution d'un projet qui devait puissamment aider au développement de l'Œuvre.

La Supérieure des Sœurs de la paroisse Saint-Paul-Saint-Louis, ayant entendu parler du projet de l'Association, proposa au Conseil une maison avec jardin, située à Gentilly, près Paris. Cette maison présentait de grands avantages. Elle avait été bâtie pour un ouvroir; elle était meublée en partie, et la Supérieure promettait de laisser le mobilier, en donnant un délai de payement. Le prix de la location était de 1 200 francs. Cette proposition paraissait réunir toutes les conditions désirables. On se décida donc à louer l'immeuble de Gentilly.

2.

La Supérieure générale des Sœurs de Saint-Vincent
de Paul voulut bien accorder à l'Œuvre quatre de ses
Sœurs. Le Conseil put ainsi s'aider de l'expérience et
du zèle des Filles de Saint-Vincent de Paul pour maintenir de précieuses traditions, et pour introduire les
améliorations nécessaires.

L'Ouvroir était donc fondé.

Pour subvenir aux dépenses d'installation, le Conseil
fit un appel extraordinaire à la générosité des associées.
L'ouverture de l'Ouvroir fut fixée au 6 avril 1843.

Mais les Sœurs étaient à peine installées à Gentilly,
qu'elles s'aperçurent de l'impossibilité d'y rester longtemps. Le local devint insuffisant, car une maîtresse
ayant demandé à rendre les 40 enfants que l'Œuvre lui
avait confiées, la maison de Gentilly fut remplie au delà
de ce qu'elle pouvait contenir. Puis, la maison était
éloignée de l'église, les Sœurs ne pouvaient avoir la
Messe tous les jours; le dimanche, il fallait conduire
les enfants à la paroisse, par des chemins impraticables.
Ces motifs déterminèrent le Conseil à ne pas prolonger
la location de cette maison.

On pensa donc que, dans l'intérêt des Jeunes Économes, il était préférable d'établir l'Ouvroir à Paris.
Après maintes recherches, le Conseil trouva un local
qui lui parut convenable. C'était au n° 25 *bis* de la longue et tortueuse rue de l'Arbalète, dans le populeux
quartier Mouffetard. A la population misérable agglo-
mérée dans ces rues étroites, l'Association apportait,
comme une céleste consolation, l'exemple vivant de la
charité catholique.

L'Association fit donc, au nom de M. l'abbé Surat, un bail de six années. L'Ouvroir reçut 70 enfants, qui pleines de reconnaissance, se plaisaient à nommer les associées leurs mères adoptives.

Il fallut un supplément de literie, de mobilier; on dut ouvrir une Chapelle. La générosité des associées, qui croissait en même temps que les besoins de l'Œuvre, permit de pourvoir à ces nouvelles dépenses.

Une épreuve, qui heureusement dura peu de temps, vint alors donner un nouvel élan à la charité des bienfaitrices. Le Conseil Municipal, dès les commencements de l'Œuvre, lui avait alloué un secours annuel qui, fixé d'abord à 900 francs, s'était élevé, d'année en année, à 3 000 francs. Lorsque les enfants furent installées dans un Ouvroir, le Conseil Municipal supprima l'allocation, sous prétexte que l'Œuvre avait perdu de son intérêt en réunissant dans un seul ouvroir jusqu'à dix-huit ans les enfants adoptées : le Conseil Municipal jugeait qu'il eût été préférable de ne les garder que jusqu'à la première communion, pour les placer ensuite en apprentissage.

Le Conseil des Jeunes Économes s'empressa de faire des démarches auprès de plusieurs membres du Conseil Municipal. L'un d'eux, M. Aubé, après avoir entendu les réclamations du Conseil, se rendit à l'Ouvroir de la rue de l'Arbalète, reconnut l'erreur du Conseil Municipal, et fut assez heureux pour faire revenir ses collègues sur leur décision : le secours de 3 000 francs fut rendu à l'Œuvre des Jeunes Économes.

Ce fut alors (mai 1844) que M. l'abbé Surat, jugeant nécessaire que l'Œuvre fût reconnue d'utilité publique,

— ce qui lui conférait l'immense avantage de la personnalité civile, — fit appel à quelques bienfaiteurs, et les pria de constituer le Comité qui représenterait l'Association dans les actes de la vie civile. Le Comité fut composé de MM. Caubert, avocat; Agasse, ancien notaire; Laboissière, avoué; Lambert, ancien magistrat; et Frédéric Lauras, avocat, qui devait remplir les fonctions de secrétaire[1]. Mais avant que fût atteint le but auquel tendait M. l'abbé Surat, il fallut beaucoup de temps et d'efforts. Le Comité examina les statuts à soumettre au ministre de l'Intérieur, et en arrêta le texte conformément aux observations officieuses qui lui furent adressées. Et ce fut seulement le 6 novembre 1849 que fut rendu le décret qui reconnaissait comme établissement d'utilité publique la Société des Jeunes Économes. — L'intervention de M. Passy avait exercé la plus utile influence pour l'obtention de ce décret, et mérité une profonde reconnaissance.

1. Le Comité perdit M. Caubert dès 1851. — M. Antoine Passy fut élu à sa place. Sous-secrétaire d'État au ministère de l'Intérieur, il fit obtenir à l'Œuvre un secours annuel de 1 500 francs, et l'autorisation de se fournir à la Pharmacie centrale, pour avoir les médicaments à des prix très avantageux. — En 1873, son fils, M. Louis Passy, membre de l'Assemblée nationale, lui succéda.

M. Desforges, notaire, qui succéda en 1865 à M. Lambert, mourut en 1874. — M. le Comte Arthur de Rougé fut désigné pour le remplacer.

M. Agasse donna sa démission en 1865, à cause de sa presque complète cécité. — M. de Verdière, juge au tribunal civil de la Seine, le remplaça. Il fut obligé, lui aussi, de donner sa démission en 1878. — L'année suivante, M. Trébuchet, gendre de M. Lambert, fut nommé pour lui succéder.

M. Laboissière mourut en 1874. — Il eut pour successeur M. Clément, ancien avocat au Conseil d'État et à la Cour de cassation, sénateur.

M. F. Lauras garda les fonctions de secrétaire jusqu'à sa mort, survenue en 1884. — Le Comité transmit ses pouvoirs à M. Paul Lauras, son fils.

Dès que l'Œuvre fut reconnue d'utilité publique, une des premières bienfaitrices, Mme de Chalembert, eut la pensée de fonder un lit dans l'Ouvroir, en souvenir d'une de ses filles qu'elle avait eu la douleur de perdre. Ce charitable exemple fut suivi par plusieurs autres bienfaitrices.

Ce décret eut surtout comme conséquence importante de donner à l'Œuvre la capacité légale pour recevoir des legs; les libéralités sous cette forme ne tardèrent pas à se multiplier : beaucoup de bienfaitrices se firent un devoir de comprendre les Jeunes Économes parmi les pieuses libéralités laissées après leur mort.

Dès 1845, l'Association eût pu se féliciter des honneurs qu'elle recevait si elle n'avait pas compté pour peu de chose les encouragements des hommes. Le Prince Royal de Bavière étant venu à Paris, exprima à M. le comte de Rambuteau, préfet de la Seine, son désir de visiter quelques établissements charitables. M. de Rambuteau lui indiqua l'Ouvroir des Jeunes Économes comme pouvant servir de modèle à d'autres établissements du même genre. Le Prince se rendit rue de l'Arbalète, étudia l'Œuvre avec beaucoup d'intérêt, jusque dans les détails, et se retira très satisfait de sa visite.

Mais c'était à la protection de Dieu que les Jeunes Économes tenaient par-dessus tout. Cette protection était visible dans les développements de l'Œuvre. La maison de la rue de l'Arbalète devint trop étroite, et l'on dut louer, dans la maison voisine, une grande pièce pour servir de dortoir. Sous la maternelle surveillance des Filles de Saint-Vincent de Paul, 115 enfants s'occupaient, dans l'Ouvroir, aux travaux du ménage; elles trouvaient là, en même temps que l'éducation chrétienne, l'instruction pratique qui leur permettrait, plus tard, de tenir leur ménage avec ordre et propreté. D'autres enfants étaient placées chez des maîtresses particulières; leur bonne conduite était un sujet de consolation. C'est ainsi que l'Œuvre atteignit sa vingt-cinquième année, sous la protection de Marie Immaculée, sa patronne.

Dieu visite ses serviteurs par l'épreuve, aussi bien que par les consolations. Les épreuves ne manquèrent pas, durant les années 1848 et 1849. Après la Révolution de 1848, les difficultés furent telles que le Conseil, par prudence, fut obligé d'écarter toutes les demandes d'admission qui lui étaient présentées. L'année suivante, un peu rassuré, il n'osa pas faire attendre davantage les familles qui sollicitaient les secours de l'Association; sur 227 demandes, urgentes pour la plupart, le Conseil fit choix de 38 enfants.

Pendant cette même année, sévit le choléra, qui n'épargna pas les Jeunes Économes. Sept enfants et la Supérieure de l'Ouvroir furent victimes de ce fléau.

C'est à cette époque que la Sœur Lauras, qui avait fondé l'Œuvre en 1823, devint Supérieure de l'Ouvroir des Jeunes Économes.

Chapitre III — Installation a Conflans.
Épreuves. La Guerre

Le bail de la maison de la rue de l'Arbalète devait expirer le 1er octobre 1849. Le Conseil hésitait à le renouveler; car cet établissement, — asile secourable jadis, — n'offrait plus les conditions désirables d'espace et de salubrité. Et pourtant, quelle difficulté que de trouver dans Paris un local qui convînt à l'Œuvre! Les recherches déjà faites n'avaient donné aucun résultat. C'est alors que M. l'abbé Surat, supérieur, proposa de louer à l'Association l'ancienne maison de campagne des Archevêques de Paris, dont il était alors propriétaire. Cette maison était située à Conflans, impasse de Conflans, 6, près Charenton-le-Pont. Le Comité accepta l'offre de M. l'abbé Surat, et grâce à la reconnaissance d'utilité publique, obtenue depuis peu, le bail put être passé au nom même de l'Association.

Après quelques travaux d'appropriation, rapidement exécutés, la maison ne laissa rien à désirer et satisfit à toutes les exigences. Le Conseil put bientôt apprécier les avantages de l'installation hors Paris. La santé des enfants se ressentit du bienfait de la campagne, tandis qu'au point de vue financier, l'augmentation du prix du bail fut compensée par l'affranchissement des droits d'octroi. D'autre part, il est vrai, l'éloignement de l'Ouvroir fit aux associées un devoir plus rigoureux de redoubler de zèle pour procurer de l'ouvrage aux enfants.

Pour encourager les enfants, l'habitude des distribu-
tions annuelles de prix, abandonnée depuis longtemps,
fut reprise. Des récompenses furent décernées à la
bonne conduite, au travail, à l'ordre, à la lecture, à l'é-
criture, au calcul, d'après les notes prises chaque jour
par les Sœurs et relevées chaque mois par les conseillères chargées de la surveillance de l'Ouvroir. — Pendant l'année 1850, 48 enfants furent adoptées, parmi les
122 qui sollicitaient leur admission.

En 1853, la cherté des vivres accrut les dépenses au
point que les ressources de l'Œuvre furent épuisées.
Il fallait pourtant nourrir les 245 enfants que l'Œuvre
élevait alors; un pressant appel, adressé à la charité des
bienfaitrices, fut entendu; l'Œuvre sortit de cette difficile situation. Néanmoins, le Conseil, effrayé des charges
rendues plus lourdes encore par la durable cherté des
subsistances, dut restreindre les admissions; les enfants
qui terminaient leur apprentissage ne furent pas remplacées. Le nombre des enfants fut ainsi réduit à 230; il
s'abaissa en 1856 à 225; en 1857, à 216.

Cependant la misère devint si grande que, malgré la
pénurie de ses ressources, le Conseil se sentit pressé
d'accepter 43 demandes parmi les 83 qui lui avaient été
adressées; mais pour concilier la sagesse avec la charité,
il décida que ces enfants n'entreraient à l'Ouvroir qu'à
mesure des places vacantes.

Pendant l'année 1859, — l'Œuvre comptait alors 228
enfants à sa charge, — l'Ouvroir fut éprouvé par une
épidémie de dyssenterie; 60 jeunes filles furent atteintes;
l'une d'elles succomba. Ce fut une douloureuse épreuve:

le travail, on le comprend, fut cette année-là moins productif; tandis que l'élévation des frais de nourriture et d'infirmerie amenait, malgré d'héroïques efforts d'économie, au chapitre des dépenses, une augmentation désastreuse. Le Conseil ajournait autant que possible les achats de lingerie et de literie, restreignait, par mesure de prudence, les admissions. Pourtant, en 1861, la misère de 42 enfants toucha si vivement le Conseil qu'il se sentit pressé de les adopter. — En 1863, l'Œuvre s'occupait de 23 enfants placées chez diverses maîtresses d'apprentissage, et l'Ouvroir en abritait 220. La cherté des vivres continuait. L'année 1860 se solda par un déficit de plus de 4 000 francs. A la fin de 1861, l'Œuvre, pour faire face à ses engagements, dut contracter un emprunt. Les commandes d'ouvrage se ralentirent au cours de l'année 1863, à la grande préoccupation du Conseil : car le travail de l'Ouvroir, c'était à la fois l'éducation et l'avenir des enfants, c'était le soutien de l'Œuvre. Aussi restreignait-on cette année-là les admissions; pour ne pas accroître les charges de l'Œuvre, le Conseil se borna à remplir les places vacantes. Cela même ne fut plus possible en 1866 : les enfants qui quittèrent l'Ouvroir ne furent pas remplacées.

Malgré ces mesures de prudence, l'année 1867 se termina par un déficit de près de 5 000 francs.

Que faire, puisque la plus sévère économie régnait au budget? les dépenses étaient réduites au strict nécessaire. De nouveau, le Conseil se vit contraint de restreindre le nombre des enfants de l'Ouvroir; il ne remplit pas les places devenues vacantes. Puis, il ouvrit parmi les associées une souscription extraordinaire et les pressa de ne pas abandonner dans le besoin extrême une œuvre qui vivait, grâce à leur persévérante bienfaisance, depuis près d'un demi-siècle.

La terrible année 1870 amena de bien cruelles épreuves. Lorsque Paris fut menacé du siège, l'Ouvroir fut obligé d'abandonner la maison de Conflans, et de rendre les enfants à leurs familles : il fallut garder cependant les orphelines et celles que leurs parents ne pouvaient pas reprendre : comment, en effet, les abandonner ? Une charitable assistance fournit à l'Œuvre sans abri, un asile rue du Montparnasse, 34. — A ce jour, l'Ouvroir comptait 30 enfants seulement. Ce nombre ne tarda pas à s'élever : plusieurs jeunes filles dans la détresse vinrent frapper à la porte des Jeunes Économes : impossible de les repousser. D'anciennes élèves, dont les parents habitaient dans le voisinage de la rue Montparnasse, venaient tous les jours comme externes. Le nombre des enfants à la charge de l'Œuvre fut ainsi porté à 70. D'ailleurs, les enfants qui, au départ de Conflans, avaient été rendues à leur famille, ne furent pas abandonnées : les Conseillères présentes alors à Paris les visitèrent et leur distribuèrent quelques secours.

Pendant les derniers jours du siège, des obus atteignirent le quartier Montparnasse; quelques-uns même tombèrent à la porte de la maison qui servait d'asile aux enfants. A la nouvelle de ce danger, une bienfaitrice de l'Œuvre, Mme Desforges, dont le mari était membre du Comité, offrit aux Sœurs et aux enfants un asile avenue de l'Opéra. Grâce à cette charitable hospitalité, les enfants furent hors de tout danger. Quinze jours après, l'armistice signé, elles retournèrent rue Montparnasse, où monsieur l'Aumônier était resté avec une Sœur, quelques sous-maîtresses et cinq enfants.

Vinrent les jours sanglants de la Commune. Monseigneur Surat, désigné par sa vertu et son mérite à la haine des révolutionnaires, fut pris au nombre des Otages et fusillé le 27 mai, devant les murs de la Roquette. Cette mort causa à l'Association des Jeunes Économes les plus profonds regrets. Depuis 1833, Monseigneur Surat était Supérieur de l'Œuvre : c'est lui qui l'avait organisée; lui qui avait sollicité et obtenu les indulgences dont elle était enrichie; lui qui l'avait fait reconnaître d'utilité publique. Pour tous ces bienfaits, et pour le dévouement constant de trente-sept années, l'Œuvre était attachée à Monseigneur Surat par les liens de la plus vive reconnaissance. Son glorieux martyre devenait pour les Jeunes Économes un nouveau titre à la protection du Ciel.

La divine Providence ménageait à l'Œuvre un successeur digne de Monseigneur Surat. M. l'abbé Le Rebours, chanoine honoraire, voulut bien accepter la charge de Supérieur et la présidence du Conseil. Les hautes fonctions qu'il avait remplies dans le diocèse de Paris, ses nombreuses relations avec les œuvres de zèle et de charité promettaient à l'Association les lumières d'une longue expérience et l'appui de précieuses sympathies. Sa direction si appréciée fut, hélas! trop courte. Nommé l'année suivante (1872) curé de Sainte-Madeleine et absorbé par ses nouvelles fonctions, M. l'abbé Le Rebours donna sa démission; malgré les plus pressantes instances, il quitta l'Œuvre, au grand regret du Conseil.

Monseigneur l'Archevêque de Paris désigna pour le remplacer un ecclésiastique bien connu par son expérience des œuvres de charité, M. l'abbé Langénieux, vicaire général, archidiacre de Notre-Dame, — qui devait plus tard devenir Archevêque de Reims et Cardinal.

La maison de Conflans avait été dévastée pendant la guerre; les réparations durèrent assez longtemps. L'Ouvroir n'y put rentrer que vers la fin d'octobre 1871. On rappela les enfants que, un an auparavant, l'Œuvre avait dû rendre à leurs familles; mais beaucoup d'entre elles, les plus âgées en général et les meilleures ouvrières, sur lesquelles précisément l'Œuvre comptait davantage, furent gardées par leurs parents qui appréciaient déjà leurs services. Il fallut beaucoup de temps et de soins pour former de nouvelles enfants en état de les remplacer.

L'Œuvre, qui comptait 220 enfants au mois d'août 1870, était réduite au nombre bien minime de 77. Mais la charité des conseillères et des associées sut découvrir des misères à soulager; le Conseil offrit à Monseigneur l'Archevêque de Paris quatre places pour les orphelines de la guerre; peu à peu, les places vides se remplirent; en 1872, l'Œuvre comptait 131 enfants à sa charge.

Le bail de la maison de Conflans touchait à sa fin; il expirait le 1er octobre 1875. Le Conseil crut venu le moment de réaliser sans retard le projet dont il avait plusieurs fois entretenu les associées, d'établir l'Œuvre à Paris, afin de rendre plus faciles et plus fréquentes les relations des enfants avec les personnes qui leur portaient intérêt.

Outre le regret de quitter l'établissement de Conflans, auquel se rattachaient tant de souvenirs, la réalisation de ce plan présentait de sérieuses difficultés. La nouvelle maison devait être vaste, pour contenir tout le personnel de l'Ouvroir, et d'un accès facile, pour que les bienfaitrices pussent apporter leurs commandes d'ouvrage et visiter les enfants. Des dons furent faits à l'Association pour faciliter l'achat d'un immeuble. Mais ces premières libéralités étaient loin d'être suffisantes. D'autre part, louer une maison établie dans les conditions que l'on cherchait serait évidemment charger chaque année d'un poids excessif un budget que l'entretien de 146 enfants rendait fort lourd et qui se soldait alors (1873) par un déficit de plus de 1 300 francs. Le Conseil était très préoccupé de cette situation.

En cette même année 1873, Monseigneur l'Archevêque de Paris, touché de l'embarras de l'Œuvre, consentit à garder l'Ouvroir comme locataire aux mêmes conditions que par le passé, avec facilité réciproque de résilier le bail en se prévenant un an d'avance. Cet arrangement, qui donnait au Conseil le temps de chercher un immeuble à Paris, fut accepté avec reconnaissance.

Cette année-là même, l'Œuvre célébra, avec de très vifs sentiments de gratitude envers Dieu, le cinquantième anniversaire de sa fondation.

Chapitre IV — Installation de l'Ouvroir a Paris.
Legs de Mme Boucicaut

Le Conseil savait que l'Ouvroir ne pourrait plus rester bien longtemps à Conflans. Il était temps de travailler activement à établir l'Œuvre à Paris. Mais que d'obstacles, que de difficultés! L'Association n'était pas en mesure d'acheter un terrain pour y bâtir une maison qui répondit aux besoins de l'Œuvre. Des libéralités avaient été faites pour former un capital; mais la dépense exigeait bien plus de ressources. M. l'abbé d'Hulst, qui avait remplacé dans les fonctions de Supérieur M. l'abbé Langénieux, nommé Évêque de Tarbes, proposa à Mlle Lauras, Directrice-Trésorière, d'ouvrir une souscription. Le 19 février 1876, il faisait répandre par les membres du Conseil la circulaire suivante :

« En présence des éventualités prochaines qui doivent
« mettre fin à la location de la maison des Jeunes Éco-
« nomes, dont le bail verbal se renouvelle d'année en
« année, l'Œuvre des Jeunes Économes se voit dans la
« nécessité de chercher un établissement définitif. La
« souscription ouverte pour cet objet se recommande à
« toutes les personnes qui désirent voir se continuer le
« bien qui a été fait depuis cinquante-trois ans, à tant
« de générations de jeunes filles, qui ont trouvé là gra-
« tuitement, avec le trésor d'une éducation chrétienne,
« le moyen de se créer un avenir par leur travail.

« Cette œuvre, bénie et encouragée de tout temps par
« les Archevêques de Paris, se présente encore sous le
« patronage d'une mémoire vénérée, celle de Monsei-
« gneur Surat, victime de la Commune, et qui fut long-
« temps le Supérieur et l'ami des Jeunes Économes. »

A la suite de cette circulaire, plusieurs immeubles
furent proposés au Conseil ; leur situation, ou leur prix
trop élevé, ne permirent pas de les accepter.

Pendant l'année 1877, la situation des Jeunes Économes resta la même que l'année précédente ; les offres
faites au Conseil étaient malheureusement inacceptables.
Force fut de rester à Conflans, dans un état pénible de
gêne : car la maison exigeait des réparations importantes
de diverse nature ; mais comment oser les entreprendre,
vu l'incertitude du lendemain ? D'autre part, les ressources de l'Œuvre s'épuisaient. Le travail des enfants
avait été moins productif ; à la fin de l'année, on accusa
un déficit de plus de 2 500 francs, et l'année suivante,
de près de 4 000 francs. Par bonheur, les dons de plusieurs bienfaitrices vinrent les couvrir en grande partie.
Et l'on osa, malgré les déficits, malgré les menaces de
l'avenir, augmenter de 20 le nombre des enfants.

En 1879, M. l'abbé d'Hulst, nommé Recteur de l'In-
stitut Catholique, ne put rester Supérieur des Jeunes
Économes. Le Conseil dut accepter sa démission, et
c'est avec de vifs regrets qu'il le vit s'éloigner de
l'Œuvre qu'il avait si sagement dirigée. M. l'abbé de
Courcy, vice-promoteur diocésain, lui succéda.

Le déficit s'accentua en 1879 : fallait-il en venir à
l'emprunt ? La charité de généreuses bienfaitrices pour-

vut encore à tirer l'Œuvre de ce grand embarras. Mais la persistance de cet état de choses alarma vivement le Conseil, et lui fit redouter, pour l'année qui s'ouvrait, la même issue. Depuis que le Conseil Municipal de Paris et les divers Ministères avaient supprimé les allocations qu'ils accordaient autrefois à l'Œuvre, elle se trouvait privée d'un revenu annuel de 6 000 francs, et tous les efforts tentés pour y suppléer avaient été vains. Le Conseil voulut apporter dans les dépenses la plus stricte économie, et veilla avec encore plus de soin sur les frais de nourriture de l'Ouvroir. Mais il se rendit compte qu'il lui était impossible de rien retrancher, et qu'il n'avait aucun reproche à se faire. La faiblesse de tempérament des enfants qui, avant leur admission, avaient souffert dans leur famille, les privations et la misère, exigeait que la nourriture, quoique simple et commune, fût substantielle et suffisante pour fortifier leur santé. Quant à l'habillement, depuis longtemps déjà les achats n'étaient décidés qu'en cas d'absolue nécessité.

Ces difficultés financières, cause de tant de préoccupations, le Conseil les aurait facilement supportées, s'il n'avait pas remarqué avec peine que l'éducation des enfants devenait chaque jour plus laborieuse. Plusieurs fois, il fut nécessaire de renvoyer des jeunes filles dont la mauvaise conduite était pour leurs compagnes d'un pernicieux exemple[1]. Les parents eux-mêmes recevaient

---

1. Trois enfants ainsi renvoyées au cours de l'année 1879 furent placées par le Conseil, avec l'assentiment de leurs parents, dans des maisons de correction : l'Association y paya leur pension, afin de continuer l'œuvre d'apostolat qu'elle avait commencée.

mal les observations qui leur étaient adressées. Sans se laisser décourager par cette épreuve, les Sœurs continuaient à remplir leur mission avec le plus admirable dévouement.

Le Conseil regarda comme un devoir de rendre un hommage de très triste et respectueuse reconnaissance à la mémoire de la Sœur Lauras, Supérieure de l'Ouvroir, que l'Œuvre eut la douleur de perdre le 21 mars 1882. Avant de se consacrer à Dieu dans les rangs des Filles de la Charité, Mlle Aline Lauras avait concouru, sous le patronage de sa mère, à la fondation de l'Œuvre. Chargée, en 1849, de la direction de l'Ouvroir, elle y avait laissé un souvenir impérissable de dévouement et de vertu. La Sœur Lauras fut remplacée par la Sœur de Glos, ancienne conseillère devenue Fille de Saint-Vincent de Paul. Mais quoique la Sœur Lauras ne fût plus au milieu des enfants auxquelles elle avait voué sa vie, elle ne cessa pas de veiller sur elles; et n'y a-t-il pas quelque vérité dans la très douce pensée que son intercession obtint à l'Œuvre les secours inattendus et providentiels dont Dieu daigna favoriser, pendant les années qui suivirent, les Jeunes Économes?

Cette même année, le Conseil fut prévenu que le bail de la maison de Conflans ne pouvait plus être prolongé, et que l'année à courir du 1er novembre 1882 serait la dernière de la location. Impossible de s'arrêter à la pensée d'une location nouvelle. Pressé par l'impérieuse nécessité d'ouvrir un asile aux 150 enfants, aux 13 Sœurs de Charité chargées de leur éducation, et à tout le personnel, le Conseil comprit que l'heure avait sonné de

3.

réaliser, par l'acquisition d'un immeuble à Paris, un projet que les plus pénibles épreuves avaient bien forcé à remettre, mais n'avaient pu faire abandonner.

Alors commencèrent d'actives recherches pour trouver une maison susceptible de se transformer en Ouvroir. Vaugirard, Auteuil, Passy, Clichy, Saint-Ouen, Belleville, Issy, Billancourt, bien d'autres quartiers encore furent explorés sans succès. Le Conseil était très perplexe, quand on vint proposer une maison sise rue de l'Université, 159; on l'affirmait assez vaste pour contenir tout le personnel de l'Œuvre, — ce qui fut reconnu véritable après examen. Le Comité entra aussitôt en négociations pour acquérir cet immeuble.

Une circulaire apprit aux associées que le Comité venait de trouver et d'acquérir, pour l'Œuvre des Jeunes Économes, une propriété qui réunissait tous les avantages cherchés. Cette maison, construite pour la société industrielle de Fives-Lille, était assez vaste pour fournir l'emplacement nécessaire à une Chapelle, à l'habitation des enfants et des Sœurs, aux classes, aux salles de travail, à la buanderie; un grand terrain servirait aux récréations; enfin, on trouverait encore dans l'immeuble des pièces pouvant servir aux réunions du Comité, du Conseil, à la préparation et au tirage des loteries. Cet immeuble était situé rue de l'Université, 159, près des avenues Bosquet, de La Tour-Maubourg et du pont de l'Alma. Les libéralités multipliées recueillies depuis vingt ans n'auraient pas suffi à l'acquisition de cet immeuble, si Dieu n'y avait ajouté l'appoint d'un secours inespéré. M. Balsan, grand manufacturier, avait

entre les mains, par suite d'une disposition testamen-
taire, la somme considérable de 300 000 francs dont il
pouvait disposer à sa volonté en faveur d'une œuvre.
La Providence lui inspira la pensée d'offrir ces
300 000 francs aux Jeunes Économes; ainsi se trouva
complété le prix de la maison qui s'élevait à 520 000 fr.
L'Association reconnut dans cet acte de grande générosité la protection de Dieu.

Mais tout ne se bornait pas à ce payement. Il fallut
changer les dispositions de la maison, pour les approprier aux divers services. Les dépenses devaient être
considérables; c'était aux bienfaitrices et aux associées
d'y pourvoir, avec l'aide de la Providence. Le Conseil
prit le parti de faire un pressant appel à la charité des
personnes qui s'intéressaient à l'Œuvre, et leur rappela
quel dévouement était nécessaire pour faire vivre et pro-
spérer l'Ouvroir.

Dans cette occasion encore, Dieu donna aux Jeunes
Économes une marque de sa bienveillante sollicitude.
Un frère Lazariste, le Frère Fage, qui s'occupait d'ar-
chitecture, fut autorisé par M. le Supérieur des Prêtres
de la Mission à prendre sous sa responsabilité les travaux
à faire dans l'immeuble de l'Œuvre. Le Frère Fage s'en-
tendit avec la Sœur Supérieure — Sœur du Boucheron,
qui avait succédé à la Sœur de Glos — et transforma
l'immeuble pour y établir classes, ouvroirs, infirmerie et
pharmacie, parloir, réfectoires et cuisine, préau couvert,
buanderie avec séchoir, Chapelle enfin avec sacristie
indépendante de la maison. La Sœur Supérieure pria
son frère, M. de la Saigue du Boucheron, de l'aider

dans la surveillance de ces travaux considérables. M. du Boucheron eut la bonté de s'installer à demeure pendant la durée des travaux, dans la maison des Jeunes Économes, et seconda le Frère Fage et la Sœur Supérieure de ses conseils expérimentés, avec un zèle dont le Conseil ne put assez lui exprimer sa reconnaissance.

Le Conseil avait hâte d'inaugurer le nouvel immeuble, aussi, bien que les travaux ne fussent pas achevés, la loterie annuelle y fut tirée, le 28 mai 1884. Moins de quinze jours après cette fête, — 10 juin 1884, — les Sœurs et les enfants y étaient installées.

La fondation longtemps désirée était enfin accomplie.

Le Prélat qui avait été, pour la conduite et le succès de cette entreprise, l'instrument visible de la Providence, daigna promettre de venir lui-même présider à la prise de possession. Cette cérémonie eut lieu le 16 juin. Toutes les personnes qui s'intéressaient à l'Œuvre avaient été invitées; beaucoup d'anciennes élèves étaient venues, et leur présence témoignait de quelle reconnaissance elles étaient pénétrées envers ceux qui les avaient tirées de la misère. S. E. le Cardinal Guibert, avant de donner le Salut et la bénédiction du Saint-Sacrement, daigna adresser aux conseillères et aux bienfaitrices de l'Œuvre quelques paroles d'encouragement. Puis il bénit la maison, et implora, pour les Jeunes Économes, l'assistance de Dieu, source de toute prospérité. Cette journée grava dans le cœur de tous les témoins de délicieux souvenirs.

Six mois environ après cette fête, qui célébrait l'établissement de l'Œuvre, un ouvrier de la première heure,

M. Frédéric Lauras, qui depuis quarante ans n'avait cessé de prendre part, en qualité de secrétaire, aux travaux du Comité, était appelé à recevoir la couronne que le Dieu de charité réserve aux bienfaiteurs de ses pauvres. Le Comité, qui gardait un souvenir reconnaissant du concours dévoué de M. Frédéric Lauras, exprima les vifs regrets que lui causa cette douloureuse perte.

Aussitôt, d'après les statuts, fut élu, au scrutin secret, un nouveau secrétaire : M. Paul Lauras, à l'unanimité des suffrages, fut nommé secrétaire en remplacement de son père.

Il fallut bientôt songer à payer les dépenses de l'installation de l'Œuvre, et à solder les mémoires des entrepreneurs. L'évaluation primitive, — 150 000 francs, — était de beaucoup dépassée. Deux fois, après avoir longtemps hésité, le Comité recourut à la vente des inscriptions de rentes appartenant à l'Association. Ce fut insuffisant. La dépense totale s'élevait à 323 713 fr. 48 cent.; sur cette somme, il avait été payé en divers acomptes 137 000 francs; restait donc une dette de 186 000 francs. Le temps qui s'était écoulé depuis l'achèvement des travaux rendait difficile un nouvel ajournement. Il était urgent d'aviser aux moyens de satisfaire aux justes demandes des entrepreneurs. Toutes les ressources étant épuisées, il fallut recourir à un emprunt. Le Comité songea à profiter des conditions avantageuses de prêt offertes par le Crédit Foncier, qui permet aux emprunteurs de se libérer de leurs engagements, moyennant des annuités d'intérêts de 5 0/0, amortissement compris. Il fut décidé qu'on demanderait au Crédit Foncier un prêt de 200 000 francs garanti par hypothèque sur l'immeuble de la rue de l'Université. Le Crédit Foncier refusa de faire le prêt demandé, tant que les statuts ne seraient pas modifiés de manière à ajouter aux pouvoirs du Comité celui d'hypothéquer les immeubles de l'Association. Heureusement, en attendant que satisfaction pût être donnée au Crédit Foncier, la Société de Crédit Industriel et Commercial consentit à prêter une somme de 50 000 francs dont l'Œuvre avait un besoin urgent, sous la condition que le remboursement serait garanti par l'engagement personnel et solidaire des membres du Comité. Cette proposition fut acceptée; et, afin de hâter davantage les payements, le Comité autorisa mademoiselle la Directrice-Trésorière à vendre les obligations provenant de legs faits à l'Association.

Ce n'était qu'une demi-mesure. Le Comité ne cessa pas de songer à l'emprunt du Crédit Foncier, et par conséquent à la modification des statuts. Il chargea M. Passy, l'un de ses membres, de faire les démarches nécessaires pour obtenir ce résultat. Ses persévérantes instances obtinrent qu'un décret, en date du 21 juin 1886, modifiât le paragraphe 2 de l'article 7 des statuts, en ajoutant aux pouvoirs du Comité celui de contracter des emprunts avec garantie hypothécaire sur les immeubles de l'Association. Dès lors, l'emprunt du Crédit Foncier devenait possible. Après examen de la situation de l'Œuvre, le Comité décida qu'il y avait lieu de donner suite à la délibération qui avait autorisé l'emprunt, et fixa à 140 000 francs la somme à emprunter. Le prêt fut fait; la Société de Crédit Industriel et Commercial fut remboursée; les entrepreneurs payés. Le règlement des dépenses d'installation était définitivement terminé (1886).

Les résultats de l'établissement à Paris avaient répondu à tout ce que l'on pouvait espérer : la facilité des commandes avait augmenté le travail et par là les ressources; il n'y avait pas eu de chômage. Malgré les difficultés inévitables de la translation de l'Ouvroir, le bon esprit des enfants n'avait rien laissé à désirer; des inspectrices, choisies parmi les conseillères, examinaient chaque mois les notes des enfants, et elles distribuaient, suivant le besoin, les avertissements et les réprimandes, les encouragements, les félicitations et les récompenses. Les plus méritantes recevaient des livrets de Caisse d'épargne. D'ailleurs, grâce à l'aération des locaux, la santé des enfants n'avait pas été éprouvée, comme on l'avait craint, par la privation de l'air de la campagne.

Au début de 1887, l'Œuvre avait à sa charge 180 jeunes filles. Il lui vint de Dieu une aide aussi précieuse qu'inespérée. Le 8 décembre 1887, jour de l'Immaculée Conception et fête patronale de l'Œuvre, le Comité fut prévenu que Mme Boucicaut avait légué aux Jeunes Économes la somme de 500 000 francs, dont l'Œuvre devait avoir la jouissance dix-huit mois après le décès de la testatrice. Les revenus de ce legs vinrent très heureusement remplacer ceux des rentes et des obligations des Jeunes Économes que l'on s'était vu à regret dans la nécessité de vendre, pour payer les travaux très considérables qu'il avait fallu faire pour approprier à l'Ouvroir, la maison que l'on venait d'acheter à la com-

pagnie de Fives-Lille. Ce bienfait inspira à l'Association, envers Dieu et la généreuse donatrice, de vifs sentiments de reconnaissance. Mais ce don, qui devait,
plus tard, établir et fixer l'Œuvre, ne lui était pour le
moment, d'aucun secours. Il ne fallait donc pas ralentir
le zèle. Car si l'Œuvre obtenait pleine satisfaction dans
son travail d'éducation, les charges financières étaient
écrasantes, et c'était une grande peine que d'élever les
ressources au niveau des besoins. Les déficits reparurent;
la charité sut y pourvoir : alors que l'Œuvre éprouvait
des difficultés pour payer les annuités d'intérêts au Crédit
Foncier, une bienfaitrice fit un don de 20 000 francs;
cette somme fut employée à diminuer la dette; quelques
mois plus tard, le Comité était forcé de nouveau d'emprunter : une nouvelle bienfaitrice prêta 10 000 francs
sans intérêts et sans délai de remboursement.

Il fallut bientôt, pourtant, subir la dure nécessité d'un
emprunt. Cette insuffisance de ressources provenait de
l'immobilisation des capitaux et de l'augmentation des
charges. Pour payer l'acquisition de l'immeuble, non
seulement il avait fallu réaliser les dons faits à l'Œuvre
en vue d'une installation à Paris, mais on avait été obligé
d'employer les capitaux provenant de divers legs, des-
tinés à fonder des lits et à pourvoir aux charges de
l'Œuvre. Le revenu de ces legs faisait maintenant dé-
faut à l'Œuvre, qui ne pouvait pas d'ailleurs oublier
qu'elle devait en reconstituer le capital : l'aliénation
n'avait pu être qu'un expédient. Mais bien loin qu'on
pût songer à cette reconstitution, on fut forcé d'affecter
au payement des dépenses journalières quelques libéra-

lités testamentaires, — au lieu de les placer, comme c'était l'usage, afin d'en faire une source de revenus et d'assurer la perpétuité du souvenir de ces dons. D'autre part, le payement des annuités au Crédit Foncier était venu s'ajouter aux anciennes charges, et le moment des échéances amenait un cortège de préoccupations. — Inutile de rappeler que l'Œuvre n'avait à compter sur aucune des allocations qu'elle recevait autrefois des divers Ministères et du Conseil Municipal de Paris.

Les Jeunes Économes élevaient alors 184 enfants.

En présence de tant de difficultés, la prudence aurait conseillé de restreindre le nombre des admissions. Mais la tradition de l'Œuvre n'était-elle pas d'accueillir et d'élever le plus grand nombre possible d'enfants? Si profonde était la misère des petites solliciteuses, que le Conseil se laissait émouvoir, et fermant l'oreille aux calculs de la raison pour n'écouter que les sollicitations de la charité, il ouvrait grande la porte de la maison, sans s'effrayer des charges qu'il s'imposait. La charité des bienfaitrices savait se multiplier pour faire face à tous les besoins.

Au mois de septembre 1889, l'Œuvre eut la douleur de perdre M. l'abbé de Courcy, Supérieur. C'était un deuil deux fois cruel que d'être privé de son dévouement et de ses conseils au moment où les circonstances en faisaient sentir plus impérieusement la nécessité.

Au milieu de ces épreuves, Monseigneur d'Hulst, ancien Supérieur des Jeunes Économes et ami du vénéré M. de Courcy, voulut bien apporter à l'Œuvre ses conseils tant appréciés autrefois, en attendant qu'il fût nommé un nouveau Supérieur. S. É. le Cardinal Richard désigna M. l'abbé Pousset, dont la haute expérience et le zèle éclairé sont très utiles aux Jeunes Économes, qui ne cessent de prier Dieu de leur conserver long-temps ce conseiller sage et dévoué.

La situation restait des plus difficiles; l'Œuvre surchargée se trouvait à la veille de diminuer le nombre des enfants. Il fallut entreprendre dans la maison des travaux indispensables, qui obligèrent le Comité à emprunter de nouveau. Malgré les demandes réitérées, le Comité ne pouvait entrer en possession du legs de Mme Boucicaut. Enfin, les exécuteurs testamentaires consentirent à accorder à l'Association, imputables sur le legs de 500 000 francs, une somme de 35 000 francs destinée à remonter la lingerie, puis une autre somme de 12 000 francs pour agrandir et réparer la Chapelle. MM. les exécuteurs testamentaires, afin de se conformer aux intentions de Mme Boucicaut, — le legs, d'après les termes du testament, devait servir à l'extension de l'Œuvre, — firent savoir au Comité que les fonds restés disponibles seraient employés à l'acquisition d'un immeuble contigu et mitoyen avec la propriété des Jeunes Économes. Cet immeuble, situé rue de l'Université, 157, fut acheté et l'Œuvre en devint propriétaire le 30 avril 1891. Les revenus doivent en être affectés à l'entretien d'une fondation de 12 lits, à laquelle on a donné le titre de *Fondation Boucicaut*.

Pour perpétuer le souvenir de sa bienfaitrice, le Conseil plaça dans la maison le portrait de Mme Boucicaut, et grava dans la Chapelle une inscription à sa mémoire.

Chapitre V — Le Patronage
des Anciennes Élèves

L'Ouvroir où l'Œuvre des Jeunes Économes fait l'éducation des jeunes filles pauvres, devait donner naissance à des œuvres de patronage qui en sont le complément nécessaire. A quoi servirait-il d'avoir instruit et élevé — au prix de quels sacrifices, Dieu le sait? — ces petites filles arrachées à la misère et aux tentations du mal, si, à l'âge où s'éveillent les passions, elles doivent quitter l'Ouvroir sans que la sollicitude qui a veillé sur elles pendant leur enfance puisse les suivre et les protéger dans le monde plein d'inconnus et de périls où elles entrent sans expérience? Les conseillères s'en étaient inquiétées dès le début de l'Œuvre, avant même que l'Ouvroir fût fondé. Alors, elles s'efforçaient de conserver avec les enfants qu'elles avaient protégées des rapports qui leur permettraient de veiller à leur conservation. La création de l'Ouvroir, en développant l'Œuvre, agrandit du même coup les espérances et les projets des conseillères. Plus l'action sur les enfants était profonde et intime, plus il était intéressant d'assurer leur persévérance.

Une fois l'Ouvroir transporté à Conflans, les rapports avec les anciennes élèves furent, malgré le zèle de tous, et par la force des choses, moins fréquents et moins efficaces. Les Sœurs leur procuraient de l'ouvrage ou une place, les assistaient dans les jours de gêne ou de détresse ; mais comment supprimer l'action terrible et fatale de l'éloignement ? La Sœur Lauras eut la pensée de réunir les anciennes élèves tous les ans, au jour de sa fête, en un modeste banquet. Un grand nombre d'entre elles répondirent à cet appel, et les heureux résultats de cette réunion firent qu'on la renouvela depuis, chaque année.

La translation de l'Ouvroir à Paris permit au Conseil d'établir, comme il le désirait depuis longtemps, un Patronage régulier, qui fournit aux enfants rentrées dans leurs familles, et aux prises avec des situations dangereuses, le soutien et l'appui nécessaires. Dès 1884, les Sœurs, toutes prêtes à se dévouer à cette œuvre de persévérance, instituèrent pour leurs anciennes élèves la réunion du premier dimanche du mois : une Messe précédée d'une instruction. Ces réunions existent encore ; elles sont suivies avec beaucoup d'exactitude, et les résultats sont vraiment inappréciables.

Ainsi grandissent et fructifient, dans les âmes de ces jeunes filles, les semences de foi chrétienne que la charité y avait jetées dès leur jeunesse ; et dans les années difficiles dont dépend souvent toute une vie, les enfants sorties de l'Ouvroir trouvent auprès des Sœurs auxquelles la reconnaissance les attache, les conseils et la force que réclament leur faiblesse et leur inexpérience.

Chapitre VI — Conclusion

L'Œuvre des Jeunes Économes continue à exercer sa douce et bienfaisante mission; par elle les pauvres, en même temps qu'ils reçoivent le pain du corps, entendent les leçons de l'Évangile, céleste nourriture des âmes. Elle trouve, dans les circonstances présentes, de quoi dépenser sans regret sa force et son influence, développées par le temps; elle travaille à maintenir dans les jeunes cœurs, malgré les efforts contraires, l'amour de Dieu et le souvenir de la Croix.

Bien souvent la tâche est laborieuse; et ce n'est pas le moindre souci que celui de subvenir à tant de dépenses : il faut, chaque année, procurer la nourriture et le vêtement aux 200 enfants de l'Ouvroir; chaque année, il faut assurer le succès de la loterie ou du sermon de charité. C'est un travail incessant, plein de fatigues. La charité des conseillères et des associées ne s'est pas refroidie; elle donne, comme autrefois, sans compter, pour l'amour de Celui qui a aimé les pauvres au point de naître et de vivre parmi eux.

N'est-elle pas admirable et féconde en enseignements, cette Histoire de soixante-dix années? Une œuvre charitable, c'est le plus beau champ qui soit ouvert à l'activité. Dieu soit béni d'avoir appelé l'homme à corriger les inégalités de la vie présente par le secours fraternel de celui qui possède à celui qui souffre! Heureux ceux qui ont compris la noblesse du rôle que leur confie la

Providence, et qui sont attentifs à subvenir aux besoins de l'indigent : le Seigneur a promis d'être leur libérateur aux jours mauvais.

De ces bénis du Seigneur, notre siècle peut montrer un long cortège; les nombreuses œuvres de charité qu'il a vu fonder ont révélé des modèles de dévouement. Il y a, dans l'Histoire des Jeunes Économes, des leçons d'abnégation, de confiance, d'humilité qui ne doivent pas être perdues : les successeurs de ceux qui ont établi et soutenu l'Œuvre recueillent ces pieux souvenirs, qui leur sont une force et un espoir aux jours de fatigue et de découragement. Des faits sont là pour leur rappeler que l'humilité de la prière et l'énergie du dévouement triomphent de tous les obstacles.

C'est vers Dieu que se tournaient les ouvriers de la première heure; leur confiance n'a pas été confondue. C'est vers Dieu qu'il faut nous tourner aujourd'hui. N'est-ce pas sa main qui a tout fait? Après tant de grâces et de bénédictions, l'Œuvre des Jeunes Économes peut-elle assez louer et adorer Celui dont la puissance et la sagesse infinies se plaisent à employer les plus faibles instruments à l'exécution des grandes entreprises?

Voici que depuis soixante-douze ans, l'Œuvre, aux si modestes débuts, a vécu, a grandi. Elle a répandu le bienfait de l'éducation chrétienne. Combien d'âmes lui ont dû de connaître davantage, d'aimer plus profondément, de mieux servir le Dieu de toute miséricorde!

Comme le grain de sénevé, dont l'Évangile raconte la merveilleuse croissance, l'Œuvre des Jeunes Économes, aux rayons de la charité divine, est devenue un grand arbre, dont les branches protectrices servent d'asile à la pauvreté et à la faiblesse.

Depuis soixante-douze ans des largesses divines de toutes sortes ont été prodiguées sans mesure à tous ceux dont les dons et le concours ont contribué au développement de l'Œuvre, par Celui qui ne veut pas laisser sans récompense un verre d'eau donné en son Nom.

Dieu en soit loué par le cantique sans cesse renouvelé de la reconnaissance! C'est Lui seul qui donne la fécondité aux labeurs de l'homme, et l'accroissement à ses œuvres.

TABLE

PARIS. — TYPOGRAPHIE DELALAIN FRÈRES
1 et 3, rue de la Sorbonne.

Documents manquants (pages, cahiers...)
NF Z 43-120-13

www.ingramcontent.com/pod-product-compliance
Lightning Source LLC
Chambersburg PA
CBHW061813050726
47598CB00002B/928